원작 캐릭온TV

의젓하고 이해심 많은 타키와 믿지 않은 허세 곰돌이 포오의 유쾌하고 신나는 모험 이야기를 마인크래프트 영상으로 담은 대한민국 최고의 스토리텔러 크리에이터입니다. 재치와 유머가 넘치는 타키와 포오의 진한 케미가 249만 구독자들에게 폭발적인 사랑을 받고 있습니다.

글 한리라

성균관대학교 국어국문학과를 졸업하고, 방송작가와 키즈 콘텐츠 작가로 활동하고 있습니다. 아이들의 웃음과 상상을 응원하며 〈비밀요원 레너드 추억의 놀이 대작전〉 시리즈와 〈소워니 놀이터〉 시리즈를 집필했습니다.

그림 김기수

어린이들에게 재미있고 유익한 만화를 보여 주기 위해 다양한 작품을 그리며 열심히 활동하고 있습니다. 대표작으로는 〈탁주 쪼꼬 탈출 게임〉, 〈탁주 쪼꼬 용사 원정대〉, 〈쿠키런 킹덤〉, 〈민쩌미〉 등이 있습니다.

타키 포오 MBTI 직업 탐구

원작 캐릭온TV 글 한리라 그림 김기수

대원키즈

무료 성격유형검사

◆ 성격 유형의 표현은 아래의 사이트에서 참고했습니다.
https://www.16personalities.com/ko

5장 — 93
감각적인 실천가 **ESFP**
조용한 재주꾼 **ISTP**

6장 — 113
자유로운 탐험가 **ENFP**
비판적인 분석가 **INTJ**

7장 — 133
현실적인 조직가 **ESTJ**
따뜻한 이상주의자 **INFP**

8장 — 153
든든한 조율자 **ESFJ**
사려 깊은 통찰가 **INFJ**

타고난 리더
ENTJ

호기심 많은
예술가
ISFP

*잡(job) : 직업

호기심 많은 예술가
ISFP

호기심이 많아 다양한 분야에 열정을 보인다. 유연한 사고로 여유로운 삶을 추구하며, 배려심이 많고 다정하지만 비판받는 것은 힘들어한다.

타고난 리더 ENTJ vs 호기심 많은 예술가 ISFP

타키와 포오 덕분에 ENTJ 자신감 크리스털과 ISFP 열정 크리스털을 모았어! 이제 두 성격 유형에 맞는 키워드를 연결해 크리스털을 완성해 봐.

ENTJ의 자신감 크리스털

ISFP의 열정 크리스털

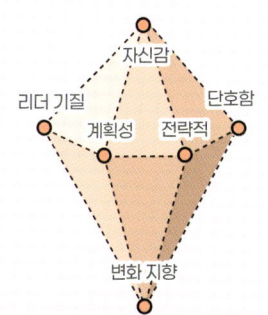
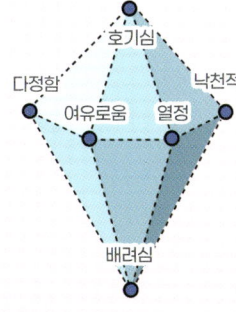

자신감 · 리더 기질 · 단호함 · 계획성 · 전략적 · 변화 지향

호기심 · 다정함 · 낙천적 · 여유로움 · 열정 · 배려심

어떤 직업을 선택해야 할까?

ENTJ

ENTJ는 자신감 있고 체계적인 성향으로, 목표를 세우고 이끄는 능력이 뛰어납니다. 명확한 책임과 권한이 있는 환경에서 성장하고, 조직 관리나 전략 수립 같은 리더 역할에 잘 어울립니다.

능력 발휘 직업 형사, 변호사, 정치인, 변리사, 대학교수, 경영 컨설턴트, 경제 분석가 등

ISFP

ISFP는 조용하고 유연한 성향으로, 감각적이고 예술적인 분야에 큰 흥미를 가집니다. 혼자 몰입할 수 있는 공간에서 편안함을 느끼며, 자신의 감성과 취향을 자유롭게 표현할 수 있는 직업에 잘 맞습니다.

능력 발휘 직업 무용수, 수의사, 헤어디자이너, 사진작가, 공예가 등

활동적인
모험가
ESTP

진솔한 원칙
주의자
ISTJ

ISTJ 능력 발휘 직업
기상학자

이곳에서 날씨를 예측하나요?

네, 바람, 비, 구름, 기온을 관찰해 날씨 변화를 연구해요. 태풍, 폭우, 폭설처럼 큰 자연재해도 함께 예측해요.

최근에는 더 정확한 예측을 위해 슈퍼컴퓨터를 이용해요. 전 세계 관측 자료를 모아 계산하면 앞으로 날씨가 어떻게 바뀔지 알 수 있어요.

기상학자는 정확한 날씨 정보를 알려주는 데 꼭 필요한 사람이에요!

그런데요….

왜 소풍이나 운동회 날에는 꼭 비가 오나요? 분명 비 소식은 없었는데요!

활동적인 모험가 ESTP vs 진솔한 원칙주의자 ISTJ

타키와 포오 덕분에 ESTP의 에너지 크리스털과 ISTJ 신중함 크리스털을 모았어! 이제 두 성격 유형에 맞는 키워드를 연결해 크리스털을 완성해 봐.

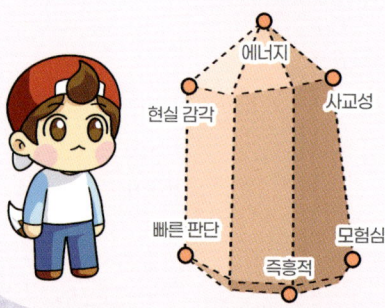

ESTP의 에너지 크리스털

- 에너지
- 현실 감각
- 사교성
- 빠른 판단
- 모험심
- 즉흥적

ISTJ의 신중함 크리스털

- 책임감
- 성실함
- 원칙 중시
- 조직력
- 신뢰성
- 신중함

어떤 직업을 선택해야 할까?

ESTP

ESTP는 활발하고 몸으로 직접 움직이는 걸 좋아합니다. 판단력과 행동력이 강합니다. 현장에서 부딪히며 배우기를 좋아하고, 위급한 상황에서 빠르게 대처하는 능력이 필요한 직업이 잘 어울립니다.

능력 발휘 직업 소방관, 기자, 모델, 여행 안내원, 응급구조사, 운동선수 등

ISTJ

ISTJ는 성실하고 책임감이 있습니다. 맡은 일을 정확하고 체계적으로 해내는 데 강합니다. 규칙과 절차가 있는 환경에서 안정감을 느끼고, 같은 일을 반복해도 강한 집중력을 보입니다.

능력 발휘 직업 세무사, 기상학자, 사서, 치과의사, 회계사, 법무사, 품질 관리원 등

3장

도전적인 혁신가
ENTP

책임감 있는 조력가
ISFJ

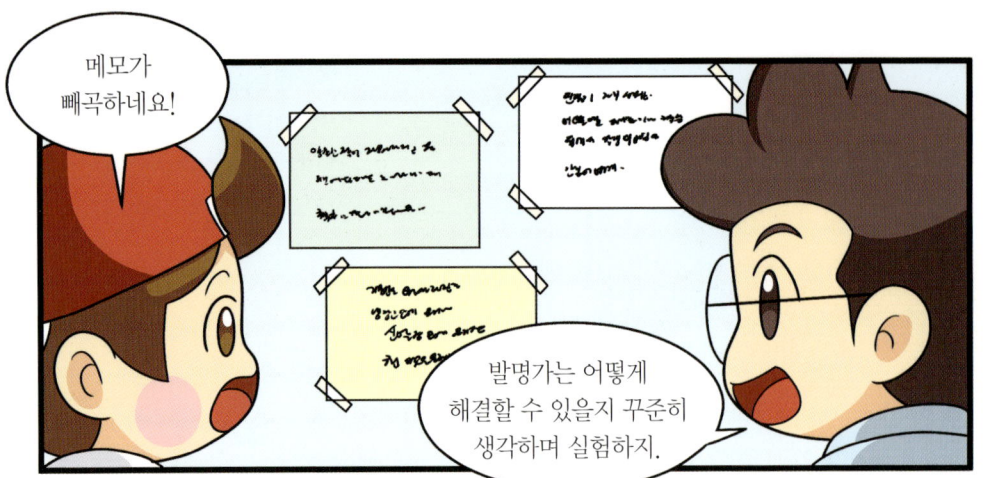

도전적인 혁신가 ENTP vs 책임감 있는 조력가 ISFJ

타키와 포오 덕분에 ENTP의 창의성 크리스털과 ISFJ의 다정함 크리스털을 모았어! 이제 두 성격 유형에 맞는 키워드를 연결해 크리스털을 완성해 봐.

ENTP의 창의성 크리스털

ISFJ의 다정함 크리스털

 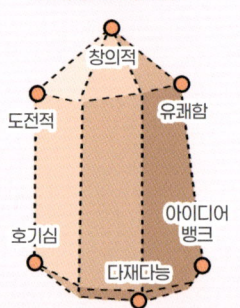 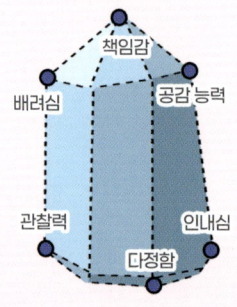 

창의적, 유쾌함, 도전적, 아이디어 뱅크, 호기심, 다재다능

책임감, 공감 능력, 배려심, 인내심, 관찰력, 다정함

어떤 직업을 선택해야 할까?

ENTP

ENTP는 재치 있고 도전적이며, 새로운 아이디어를 잘 떠올립니다. 빠르게 변하는 환경에 잘 적응하고, 문제를 창의적으로 해결하는 걸 즐깁니다. 고정된 일보다는 스스로 기획하고 추진하는 직업에 어울립니다.

능력 발휘 직업 개그맨, 광고 기획자, 강사, 발명가, 유튜버, 벤처 창업가, 컨설턴트 등

ISFJ

ISFJ는 따뜻하고 조용한 성격으로, 남을 돕고 헌신하는 데 보람을 느낍니다. 안정적이고 질서 있는 환경에서 꾸준히 일하는 데 강하며, 실무형 업무에서 두각을 나타냅니다.

능력 발휘 직업 간호사, 플로리스트, 사회복지사, 유치원 교사, 약사, 사서, 교정 전문가 등

4장

사려 깊은
언변가
ENFJ

논리적인
탐구가
INTP

ENFJ 능력 발휘 직업
외교관

교실에서 급식실로는 미끄럼틀을 타고 쭉 내려가고, 돌아올 땐 운동할 겸 빙글빙글 계단으로 천천히 올라오는 거예요!

안전 문제가 있지만, 현실에서 아이디어를 찾는 건 좋아요.

건축가는 사람들이 더 편하고 안전하게 생활할 수 있는 공간을 설계하는 사람이거든요.

역시 나는 탐구심이 넘친다니까!

햇빛 방향으로 회전하는 교실은 어때요? 최고급 놀이터를 복도에 설치하는 건요?!

비현실적이지만, 재밌는 발상이네요.

제목은
'달려라 포오!'

10초마다 방향 조작이 반대로 바뀌고, 넘기 힘든 장애물이 곳곳에 있는 거죠!

어때요?

하하, 게임은 상상력이 아무리 뛰어나도 규칙이 예측 가능하고 공평해야 재미있게 즐길 수 있어요!

그렇군요. 그럼 누구나 즐길 수 있는 규칙으로 다시 만들어 볼래요!

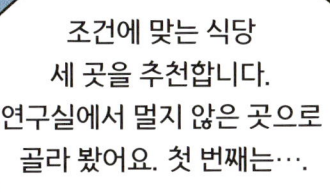

사려 깊은 언변가 ENFJ vs 논리적인 탐구가 INTP

타키와 포오 덕분에 ENFJ의 공감 크리스털과 INTP의 탐구심 크리스털을 모았어! 이제 두 성격 유형에 맞는 키워드를 연결해 크리스털을 완성해 봐.

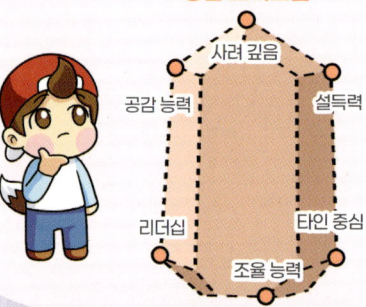

ENFJ 공감 크리스털: 사려 깊음, 공감 능력, 설득력, 리더십, 타인 중심, 조율 능력

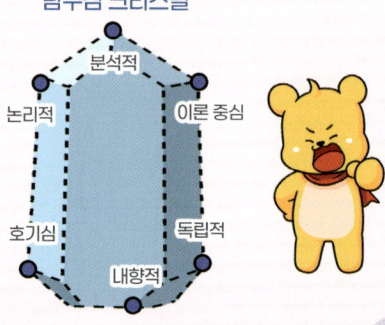

INTP 탐구심 크리스털: 분석적, 논리적, 이론 중심, 호기심, 독립적, 내향적

어떤 직업을 선택해야 할까?

ENFJ

ENFJ는 사람들과 잘 어울리고, 타인의 성장을 도우며 협력하는 환경에서 가장 역량을 잘 발휘합니다. 자신의 말과 행동이 긍정적인 변화를 만들거나, 팀워크와 조정 능력이 필요한 일이 잘 맞습니다.

능력 발휘 직업 외교관, 항공기 승무원, NGO 활동가, 예술 치료사, 진로 상담사 등

INTP

INTP는 깊이 있는 사고와 논리적 분석에 강합니다. 혼자 몰입해 문제를 해결하거나, 원리를 탐구하는 일이 잘 맞습니다. 복잡한 정보를 다루며 창의적인 해결책을 찾는 데도 강합니다.

능력 발휘 직업 게임 기획자, 건축가, 천문학자, AI 개발자, 물리학자, UX 디자이너 등

5장

감각적인
실천가
ESFP

조용한
재주꾼
ISTP

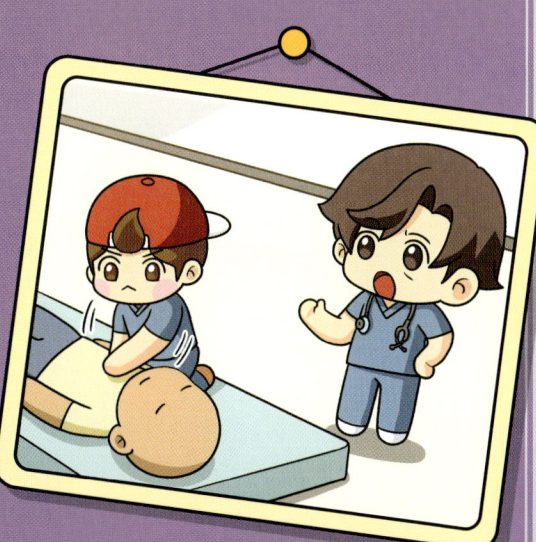

감각적인 실천가 ESFP

사람들과 어울리기를 좋아한다. 유쾌한 성격으로 새로운 경험을 즐기고 감각이 뛰어나지만, 즉흥적인 성격이라 체계적인 사고에는 다소 어려움을 느낀다.

"포오는 ESFP에 가까워 보이는데?"

"정말 그렇네?"

"그럼 그럼, 내 삶은 축제 그 자체니까!"

요리사 | **아이돌** | **반려견 훈련사** | **파티 플래너**

"도저히 못 고르겠어~."

"두 가지씩 골라 봐!"

"에이! 운명에 맡기겠어!"

조용한 재주꾼
ISTP

조용하지만 관찰력이 뛰어나며, 논리적으로 문제를 해결한다. 도구나 기계를 다루는 데 익숙하고, 손으로 무언가를 만드는 걸 즐긴다. 감정 표현은 서툴지만, 위기 상황에선 침착하게 대처한다.

범죄과학 수사관

응급의학과 의사

항공기 정비사

항공 교통 관제사

감각적인 실천가 ESFP vs 조용한 재주꾼 ISTP

타키와 포오 덕분에 ESFP 쾌활함 크리스털과 ISTP 침착함 크리스털을 모았어! 이제 두 성격 유형에 맞는 키워드를 연결해 크리스털을 완성해 봐.

ESFP 쾌활함 크리스털

ISTP 침착함 크리스털

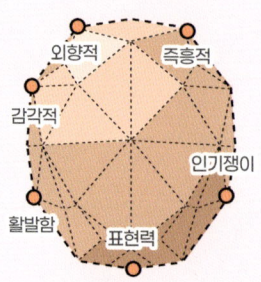

외향적, 즉흥적, 감각적, 인기쟁이, 활발함, 표현력

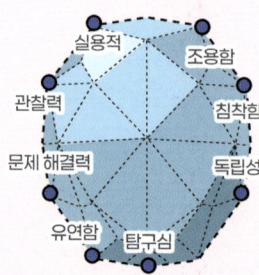

실용적, 조용함, 관찰력, 침착함, 문제 해결력, 독립성, 유연함, 탐구심

어떤 직업을 선택해야 할까?

ESFP
ESFP는 사교적이고, 주변을 즐겁게 만드는 데 능한 유형입니다. 사람들과 어울리는 활동적인 환경에서 즐거움을 느낍니다. 즉흥적인 상황 대처가 필요하거나, 자기 표현이 중요한 분야에서 빛을 발합니다.

능력 발휘 직업 아이돌, 요리사, 반려견 훈련사, 파티 플래너, 진행자, 무용수

ISTP
ISTP는 조용하면서도 현실적인 문제 해결 능력이 뛰어난 유형입니다. 직접 손으로 다루는 기술이나 빠른 판단이 필요한 상황에 강하며, 혼자 집중해 작업할 수 있는 환경에서 효율을 발휘합니다.

능력 발휘 직업 범죄과학수사관, 응급의학과 의사, 항공기 정비사, 항공 교통 관제사, 전기 기술자

6장

자유로운 탐험가
ENFP

비판적인 분석가
INTJ

ENFP 능력 발휘 직업
웹툰 작가

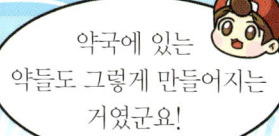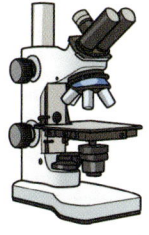

자유로운 탐험가 ENFP vs 비판적인 분석가 INTJ

타키와 포오 덕분에 ENFP 자유로움 크리스털과 INTJ 논리성 크리스털을 모았어! 이제 두 성격 유형에 맞는 키워드를 연결해 크리스털을 완성해 봐.

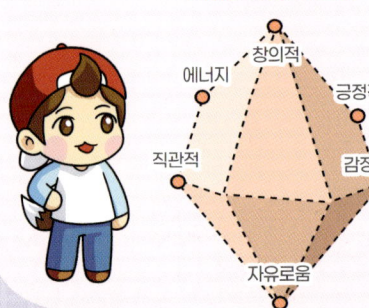

ENFP 자유로움 크리스털
- 창의적
- 에너지
- 긍정적
- 직관적
- 감정 표현
- 자유로움

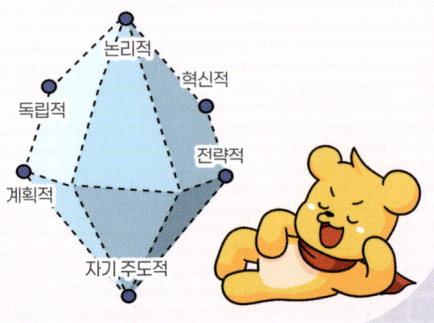

INTJ 논리성 크리스털
- 논리적
- 혁신적
- 독립적
- 전략적
- 계획적
- 자기 주도적

어떤 직업을 선택해야 할까?

ENFP

ENFP는 열정적이고 호기심이 많으며, 창의적인 아이디어가 풍부한 유형입니다. 자유롭고 유연한 환경, 변화가 많은 상황에서 에너지를 얻습니다. 사람들과 소통하고 자기 표현을 할 수 있는 직업이 잘 어울립니다.

능력 발휘 직업 크리에이터, 방송 PD, 웹툰 작가, 카피라이터, 방송 작가 등

INTJ

INTJ는 조용하지만 분석력과 전략적 사고가 뛰어나며, 미래를 내다보는 통찰력이 있습니다. 혼자 계획하고 연구하길 좋아하며, 논리적이고 체계적인 환경에서 능력을 발휘합니다. 복잡한 문제를 해결하는 직업이 잘 어울립니다.

능력 발휘 직업 로봇공학자, 도시계획가, 항공기 조종사, 제약회사 연구원 등

7장

**현실적인
조직가
ESTJ**

**따뜻한
이상주의자
INFP**

"계획과 책임이라니! 피곤해!"

"그래도 누군가는 계획을 세워야 헤매지 않지."

"맞아, 모든 MBTI가 세상에 꼭 필요하다고~!"

현실적인 조직가
ESTJ

책임감이 강하고, 목표 달성을 위해 계획을 세워 실행하는 유형입니다. 현실적이고 효율을 중시해 신뢰를 얻지만, 융통성이 부족해 고집이 세다는 말을 듣기도 합니다.

외환 딜러

프로젝트 매니저

군인

철도 기관사

"여기서 체험하고 싶은 직업을 골라 봐!"

"전부 다 어렵게 느껴지는데….";

"그럼 내가 먼저 골라야지~!"

불끈

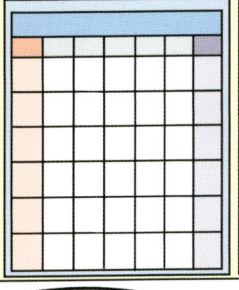

일러스트레이터
INFP 능력 발휘 직업

현실적인 조직가 ESTJ vs 따뜻한 이상주의자 INFP

타키와 포오 덕분에 ESTJ 책임감 크리스털과 INFP 이상 크리스털을 모았어! 이제 두 성격 유형에 맞는 키워드를 연결해 크리스털을 완성해 봐.

ESTJ 책임감 크리스털

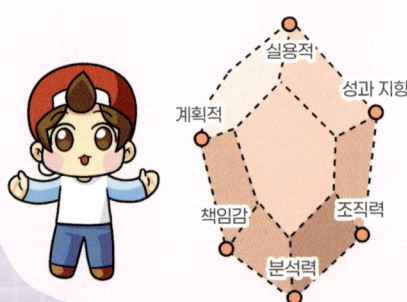

실용적 · 성과 지향 · 계획적 · 책임감 · 조직력 · 분석력

INFP 이상 크리스털

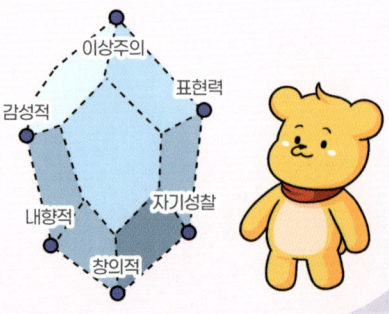

이상주의 · 표현력 · 감성적 · 자기성찰 · 내향적 · 창의적

어떤 직업을 선택해야 할까?

ESTJ

ESTJ는 실용적이고 계획적인 성향으로, 조직을 효율적으로 정비하고 이끄는 데 능합니다. 규칙과 책임이 분명한 환경을 좋아하고, 성과 중심의 일에서 추진력과 관리 능력을 발휘합니다.

능력 발휘 직업 외환딜러, 프로젝트 매니저, 군인, 철도 기관사, 품질관리원, 회계사 등

INFP

INFP는 감수성이 풍부하고, 내면의 가치와 이상을 소중히 여깁니다. 자신만의 방식으로 몰입하는 걸 좋아하며, 혼자 창작하거나 의미 있는 일을 할 때 큰 만족을 느낍니다.

능력 발휘 직업 배우, 소설가, 일러스트레이터, 번역가, 편집자 등

8장

든든한
조율자
ESFJ

사려 깊은
통찰가
INFJ

ESFJ 능력 발휘 직업
호텔리어

"이런 호텔이라면 달콤한 꿈만 꿀 것 같아요!"

"투숙객에게 최고의 서비스를 전할 준비가 됐나요?"

"네! 환한 미소와 온화한 말투까지 준비됐어요!"

"하하, 좋아요."

"작은 마을이요?"

"호텔리어 일은 다양해서, 단단히 마음먹어야 해요! 호텔은 작은 마을 같거든요."

"편안히 머물 수 있도록 객실을 관리하고, 레스토랑과 룸서비스로 든든한 식사도 제공하죠."

"그리고 결혼식이나 회의 같은 대규모 연회도 준비하고, 시설 관리도 해야 해요. 각각 부서를 나누어 일하죠."

든든한 조율자 ESFJ vs 사려 깊은 통찰가 INFJ

타키와 포오 덕분에 ESFJ 배려심 크리스털과 INFJ 통찰 크리스털을 모았어! 이제 두 성격 유형에 맞는 키워드를 연결해 크리스털을 완성해 봐.

ESFJ 배려심 크리스털
- 협동적
- 따뜻함
- 정리 정돈
- 분위기 메이커
- 책임감
- 변화 지향

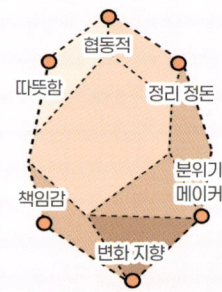

INFJ 통찰 크리스털
- 통찰력
- 이상주의
- 책임감
- 공감
- 진정성
- 신비주의

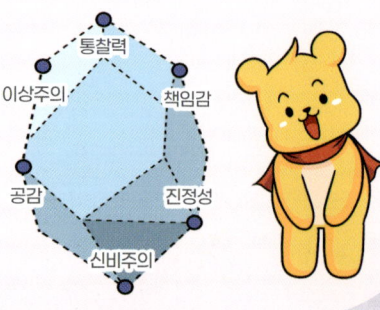

어떤 직업을 선택해야 할까?

ESFJ

ESFJ는 따뜻하고 사람 중심적인 성향으로, 타인과의 관계를 중요하게 생각합니다. 협동과 소통이 많은 환경에서 즐겁게 일하며, 팀워크가 중요한 서비스직이나 조직 내 조율 역할에 잘 어울립니다.

능력 발휘 직업 호텔리어, 아나운서, 마을활동가, 초등 교사, 행사 기획자, 경영 컨설턴트 등

INFJ

INFJ는 조용하고 사려 깊으며, 타인을 이해하고 도우려는 성향이 강한 유형입니다. 혼자 깊이 일할 수 있는 환경에서 빛을 발하며, 가치 있는 목표를 향해 조용히 헌신하는 일에 잘 어울립니다.

능력 발휘 직업 싱어송라이터, 환경 과학자, 인사 담당자, 심리 상담사, 종교인 등

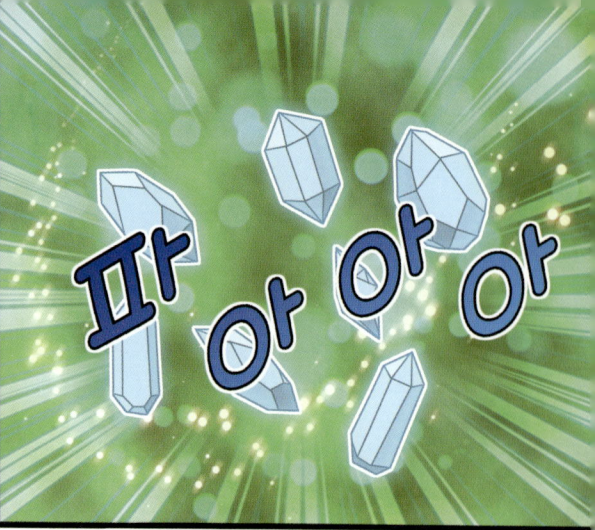

MBTI와 진로 탐색, 오해와 진실

많은 사람들이 MBTI와 진로를 연결하면서 착각하기도 해. 그래서 오해와 진실을 정리해 봤어!

오해 ① MBTI가 직업을 결정한다.
> **진실** MBTI는 선호 경향을 알려 줄 뿐이야. 즉, 진로를 찾도록 돕는 역할을 하는 거지. 흥미, 능력, 가치관, 환경까지 함께 고려해 나에게 맞는 길을 찾아야 해.

오해 ② MBTI가 같은 사람들은 같은 직업이 잘 맞는다.
> **진실** 같은 MBTI라도 사람마다 자란 환경, 경험, 흥미가 달라서 다른 길을 고를 수 있어.

오해 ③ MBTI는 평생 변하지 않는다.
> **진실** 성장, 역할, 환경에 따라 표현 방식이 달라질 수 있고, 새로운 강점이 발견되기도 해. 그러니 MBTI도 바뀔 수 있지.

오해 ④ 외향형은 발표나 영업을, 내향형은 연구나 탐구를 잘한다.
> **진실** 발표나 영업, 연구나 탐구는 훈련과 경험에 따라 누구나 잘할 수 있어. 단지 접근 방식이 다를 뿐이야.

오해 ⑤ MBTI 성향에 안 맞는 직업은 절대 할 수 없다.
> **진실** MBTI는 '잘할 가능성이 높은 방식'을 알려 줄 뿐이야. 성향과 달라도 연습, 경험, 동기가 있으면 충분히 도전할 수 있어.

우리가 모은 16개의 크리스털처럼, 경험을 모으는 게 좋겠어!

그럼 언젠가 우리만의 길이 보이겠지?

MBTI는 길잡이 등불일 뿐, 진로를 대신 정해 주는 건 아니야.

2025년 11월 14일 1판 1쇄 인쇄
2025년 11월 27일 1판 1쇄 발행

원작 캐릭온TV
글 한리라
그림 김기수

발행인 황민호
캐릭터비즈사업본부장 석인수
편집장 손재희
책임편집 김지수
디자인 루기룸

발행처 대원씨아이㈜ www.dwci.co.kr
주소 서울시 용산구 한강대로15길 9-12
전화 편집 02-2071-2169 **영업** 02-2071-2066
팩스 02-794-7771
등록번호 1992년 5월 11일 **등록** 제3-563호

ISBN 979-11-423-3679-9

ⓒ 2025, 캐릭온TV CharaonTV All Rights Reserved

*잘못된 책은 구입하신 곳에서 교환해 드립니다.
*본 제품은 대원씨아이㈜에서 제작·판매하는 것으로 무단 복제 및 판매를 금합니다.
*이 책에 사용된 사진의 출처는 게티이미지입니다.